FACULTÉ DE DROIT DE TOULOUSE.

Acte Public

POUR LA LICENCE.

Toulouse,

IMPRIMERIE DE CAUNES,

RUE DES TOURNEURS, HOTEL PALAMINY.

1827.

A

MON PÈRE.

FACULTÉ DE DROIT DE TOULOUSE.

ACTE PUBLIC

Pour la Licence,

Qui sera soutenu sur les Matières ci-après, le Jeudi 2 Août 1827, par ÉDOUARD DARTIGAUX, d'Oleron (Département des Basses-Pyrénées), en exécution de l'art. 4, tit. 2 de la loi du 22 Ventôse an 12.

En vain vous aimerez la Justice, si vous ne vous appliquez à la connaître

DAGUESSEAU.

Jus Romanum.

JNST. LIB. 3, TIT. 28, 30.

TIT. 28. — *De Obligationibus quæ quasi ex contractu nascuntur.*

QUASI contractus sunt facta honesta quibus et ignorantes obligamur, ex consensu præsumpto, ob æquitatem vel utilitatem.

Hæc est contractus inter et quasi contractus differentia quod in contractibus ex consensu , in quasi contractibus verò ex facto obligationes nascuntur. Quinque sunt quasi contractus , ex quibus diversæ oriuntur actiones.

1.º Quasi contractus negotiorum gestorum locum habet, cùm quis negotia alterius , absentis et ignorantis , spontè et gratis gerenda suscipit. Negotiorum gestor reddendarum rationum , dominus indemnitatis solvendæ obligationem contrahit ; ad id duplex actio , directa et contraria ; directa domino , contraria negotiorum gestori datur.

2.º Tutelæ susceptio. In hoc quasi contractu tutor et pupillus sibi invicem obligantur ; in id enim consentire præsumitur pupillus quod vertitur in suam utilitatem. Illi datur actio contra tutorem ut administrationnis rationem reddat ; contraria conceditur tutori contra pupillum ad indemnitatem consequendam.

3.º Rei communis administratio. Ex hoc oritur , vel actio familiæ erciscundæ si agatur de administratione hæredis communis , et datur singulis bæredibus , vel actio communi dividundo si agatur de rerum singularum.

4.º Hæreditatis additio. Adeundo hæreditate se obligari censetur hæres adligata et fideicommissa præstanda. Actio datur legatariis , ut quod relictum fuit ab hærede consequantur.

5.º Indebiti solutio. Ex hoc ob æquitatem oritur actio ad repetendum quod indebiti solutum est. Nemo cum jactura alterius locupletior fieri potest.

Tit. 20.

Quibus modis tollitur Obligatio.

Obligatio duobus modis tollitur , vel per exceptionem , vel ipso jure.

Per exceptionem. In hoc casu actio semper existit , sed effectus perimitur per oppositam exceptionem.

Ipso jure, quatuor modis.

1.º Solutione. Debet esse integra. A quâlibet præstari potest personâ , sciente vel ignorante debitore , etiam invito.

2.º Acceptilatione quæ duplex est, simplex et composita.

3.º Novatione. Duplici modo fieri potest, vel interventu novæ personæ, seu cum delegatione, vel sine interventu novæ personæ, seu sine delegatione.

4.º Mutuo dissensu. Contrario consensu tolluntur obligationes, sed hæ tantùm quæ solo consensu perficiuntur. Nihil tam naturale est quàm eo genere quid-quid dissolvere quo colligatum est.

Code Civil.

Des Substitutions permises et prohibées.

(ART. 896. *Loi du* 10 *Mai* 1826. *Art.* 1048 *à* 1074.)

Notions préliminaires. Loi du 14 novembre 1792. Prohibition réïtérée par l'art. 896. Exceptions, art. 1048, 1049. — Changemens introduits par la loi de 1826. Conditions essentielles de la validité des substitutions permises par cette loi. — Extension de la substitution jusqu'à deux degrés ; manière de les compter. — Effets de la substitution. Droits respectifs du grevé et des appelés. — Précautions et formalités pour la conservation des biens, et dans l'intérêt des tiers. — Ouverture de la substitution. Extinction de la substitution.

LES substitutions telles qu'elles étaient connues dans l'ancien droit, ont été l'objet d'éloges exagérés et de violentes critiques. Regardées par les uns comme un moyen efficace d'assurer la stabilité des familles par la conservation des patrimoines, elles ont été envisagées par les autres comme contraires à l'intérêt général, qui résiste à ce que des propriétés soient placées hors du commerce, au détriment du crédit et de toute amélioration ; et qui ne permet pas qu'en établissant dans certaines familles un ordre particulier de succession, on suscite, par d'injustes inégalités, des causes perpétuelles de haine et de discorde. L'origine des substitutions se retrouve dans le droit romain.

L'esprit de famille les introduisit. L'ambition en abusa. Elles ont été, parmi nous, tolérées, permises, prohibées. Une loi récente vient de les replacer dans notre législation. Elle a fixé des limites au droit de substituer, restreint les substitutions dans de justes bornes, et a sagement ainsi prévenu le retour des abus qu'on leur reprochait.

On entend en général par substitution, l'extension d'une libéralité à une ou plusieurs personnes successivement appelées après le donataire, ou à son défaut. On en reconnaissait trois espèces principales. La substitution vulgaire, par laquelle une personne était appelée à défaut d'une autre ; la substitution pupillaire, dans laquelle le père testait, en même-temps, et pour lui et pour ses enfans, dans le cas où ils mourraient avant d'avoir atteint l'âge de pouvoir tester ; enfin, la substitution fidéicommissaire était celle par laquelle le donataire était obligé de conserver les biens donnés pour les rendre à un tiers, celui-ci à un autre, et ainsi de suite à l'infini : on voit par cette définition combien cette dernière espèce de substitution s'éloignait des autres. Elle établissait un ordre particulier de succession pour chaque famille, et réduisait les grevés à la simple qualité d'usufruitiers, en leur prohibant d'aliéner ou d'engager les biens substitués. Les substitutions fidéicommissaires avaient amené les plus graves inconvéniens, par l'abus qu'on en fit, sans autre motif souvent, que celui d'une vanité puérile. Ce fut aussi cette espèce de substitution qu'on voulut principalement atteindre par les décrets des 25 octobre et 24 novembre 1792, qui prononcèrent l'abolition générale des substitutions. L'art. 896 du code civil renouvela cette prohibition dans les mêmes vues ; et pour en assurer l'exécution, il prononça la nullité de toute libéralité à laquelle la charge de conserver et de rendre aurait été imposée, à la différence des autres conditions contraires aux lois et aux bonnes mœurs, qu'il réputa seulement non écrites, sans prononcer la nullité des dispositions auxquelles elles se trouvaient jointes. La substitution vulgaire se trouva seule exceptée de cette prohibition générale : elle n'est point regardée comme une substitution, dit l'art. 896 ; quelques autres exceptions étaient cependant réclamées par la nature elle-même. Les rédacteurs du code le sentirent et ils les consacrèrent en effet dans les articles 1048, 1049 ; ils rétablirent par là le droit de substituer, quoiqu'ils aient affecté de ne pas lui donner ce nom. D'après l'art. 1048, les père et mère ont la faculté de donner, en tout ou en partie, la quotité disponible à un ou plusieurs de leurs enfans, avec la charge de rendre ces biens aux enfans nés et à naître, au premier degré seulement, desdits donataires. Cette disposition ne sera valable, dit l'art. 1050, qu'autant qu'elle sera faite au profit de tous les enfans nés et à naître, sans exception, ni préférence d'âge ni de sexe. L'art. 1049 accorda également aux oncles et tantes, dans le cas où ils n'auraient pas d'enfans, la faculté de transmettre à leurs neveux et nièces, par l'intermédiaire de ses frères et sœurs.

Tel était l'état de la législation, lorsque la loi du 10 mai 1826 est venue donner au droit de substituer une plus grande extension. Elle a conservé les principes, posés par le code, relativement à la quotité de biens à substituer, et à la descendance en ligne directe du donataire grevé. Elle s'en est seulement écartée, 1.° en ce qu'elle n'a point restreint le droit de grever de substitution aux seuls père et mère, et à ceux qui ont la qualité d'oncle et de tante, mais qu'elle l'a accordée à toute personne jouissant de celui de disposer ; 2.° en ce que la substitution pourra être faite au profit d'un ou de plusieurs enfans du donataire grevé, avec préférence d'âge et de sexe ; 3.° en ce qu'elle permet d'adresser les biens qu'on veut grever à quelque personne que ce soit, au lieu d'assujettir à les donner à un de ses enfans ; 4.° enfin, en ce que la charge de rendre pourra s'étendre jusqu'à deux degrés. Ainsi, faculté accordée à toute personne de grever de substitution l'objet dont elle voudra disposer, pourvu qu'il ne dépasse pas la quotité disponible ; obligation de renfermer la substitution dans la ligne directe du donataire : telles sont les conditions substancielles de la validité des substitutions permises par cette loi.

Nous avons dit que la substitution pouvait s'étendre jusqu'à deux degrés inclusivement. Quelle sera la manière de les compter ? Sera-ce par souche ou par tête ? Dans le silence du code civil on est obligé de recourir à l'ordonnance de 1747 qui l'avait réglée. Ce sera par tête, comme le décidait l'art. 33 de cette ordonnance. Il y aura autant de degrés que de personnes appelées à la substitution. Le donataire ou légataire, premier grevé, n'est point compté (art. 30 *ibid*).

Si la substitution est faite au profit de plusieurs *conjointement*, ils sont censés avoir rempli un degré, chacun pour la part et portion qu'il aura recueillie.

La substitution rend la propriété incertaine et flottante tant qu'elle dure. Les effets qu'elle produit se rapportent aux droits du grevé et à ceux des appelés. Relativement au grevé, il a sur les biens chargés de substitution un droit actuel de propriété, mais soumis à la condition résolutoire de son prédécès et de la survie des appelés, ou de tout autre événement fixé pour l'ouverture de la substitution. D'après cela, il a seul le droit d'administrer les biens grevés, d'en percevoir et consumer les revenus, d'intenter toutes les actions qui s'y rattachent. *Ipsi et in ipsum competunt.* Il interrompt la prescription. Mais il ne peut aliéner, ni hypothéquer les biens grevés. Si la prescription s'accomplit contre lui, les appelés ne peuvent être restitués même pour cause de minorité. Les jugemens rendus contre lui peuvent également leur être opposés. Les droits des appelés se réduisent à une simple espérance. Cependant leur droit quoique éventuel est acquis. Ils ne peuvent en être privés, ni par le donateur, ni par le donataire, ni même par leur concours ; ils pourront donc faire tous les actes conservatoires qu'ils jugeront nécessaires.

Après avoir permis les dispositions à charge de conserver et de rendre, la loi devait prendre des mesures pour la conservation des biens. Le grevé pouvait chercher à abuser de sa jouissance, épuiser les biens, les dénaturer ou les détruire ; elle devait prévenir ce danger. Le code a prescrit dans cet objet diverses formalités auxquelles la loi de 1826 s'est référée. Un tuteur à la substitution doit être nommé (1056). Cette nomination peut être faite par le disposant (1055). S'il n'a point usé de cette faculté, c'est à la diligence du grevé ou de son tuteur, s'il est mineur, qu'il doit y être pourvu (1056). S'il négligeait de provoquer sa nomination, il pourra être déchu du bénéfice de la disposition, et le droit déclaré ouvert au profit des appelés (1057). Il doit être fait inventaire des biens compris dans la substitution (1058). Les effets mobiliers seront vendus, et il sera fait, dans les six mois, un emploi du prix en provenant, ainsi que des autres deniers (1065 et 1062). Enfin, la loi prescrit, dans l'intérêt des tiers , la transcription des actes contenant substitution sur les registres dn bureau des hypothèques ou les biens sont situés (1069 et 1067).

L'ouverture de la substitution dépouille le grevé et résout tous les droits consentis par lui, qui altèrent la substance des biens substitués, et investit les appelés. Elle a lieu ;

1.º Par le prédécès du grevé et la survie des appelés , quand un autre terme n'a pas été expressément indiqué ;

2.º Par l'arrivée du terme ou de l'événement de la condition exprimée dans le titre constitutif , ou lorsqu'il est certain qu'il n'arrivera pas ;

3.º Par l'abandon que fait le grevé de ses droits ; cet abandon ne saurait nuire à ses créanciers ;

4.º Par son incapacité ou son indignité de recueillir ;

5.º Par la déchéance , dans les cas prévus par les articles 618, 1057.

Les substitutions s'éteignent ;

1.º Par le prédécès de tous les appelés avant l'époque marquée pour la substitution ;

2.º Par l'incapacité des appelés survenue avant cette époque ; l'incapacité intermédiaire ne nuit pas ;

3.º Par leur indignité ;

4.º Par la défaillance des conditions qui y sont apposées, ou du moment qu'il est certain qu'elles ne peuvent s'accomplir ;

5.º Par la renonciation des appelés.

On peut élever plusieurs questions importantes sur la matière des substitutions. On peut demander, si le droit d'élire a été rétabli ? S'il est permis de grever la réserve de substitution , lorsque telle est la condition de la libéralité de la quotité disponible ? Si l'on peut être admis à prouver l'existence d'une substitution tacite dont il n'est fait aucun mention dans le titre constitutif ? Enfin , s'il est permis de franchir les degrés de parenté pour étendre les substitutions ?

Code de Procédure.

Liv. 2. Tit. 8.

Des Jugemens par défaut et oppositions.

On appelle jugement par défaut celui qui est rendu sur la comparution et l'audition d'une partie seulement, l'autre étant en défaut de se présenter ou de plaider ses moyens.

On peut en distinguer plusieurs : les principaux sont, 1.º le défaut faute de constitution d'avoué ; 2.º le défaut faute de plaider ; 3.º le congé de défaut.

Le défaut doit être prononcé à l'audience sur l'appel de la cause. Les conclusions de la partie qui le requiert seront adjugées, si elles se trouvent justes et bien vérifiées. Lorsque plusieurs parties ont été assignées, si les unes comparaissent et les autres font défaut, le profit de défaut est joint. Le jugement de jonction doit être signifié aux parties défaillantes par un huissier commis : il est nommé dans le jugement. Si quelqu'une des parties se trouvait domiciliée hors du ressort du tribunal qui a rendu le jugement, cette délégation est faite par le président du tribunal du domicile du défaillant.

Les jugemens par défaut ne peuvent être exécutés avant l'échéance de la huitaine de la signification à avoué, s'il en a été constitué, sinon de la signification à personne ou domicile. Il n'y a d'exception que dans les cas prévus par l'art. 135, où lorsque y ayant péril en la demeure, le juge en a ordonné l'exécution avant ce délai. Ils doivent être exécutés dans les six mois, sinon ils sont réputés non avenus.

La partie défaillante peut former opposition au jugement qui la condamne ; elle en suspend l'exécution. Elle doit être formée par requête d'avoué à avoué, s'il en a été constitué ; dans le cas contraire,
elle

elle peut être faite par acte extrajudiciaire , ou par déclaration sur les commandemens , saisie , etc. (162). L'opposition ne peut être reçue contre un jugement qui aurait débouté d'une première opposition : opposition sur opposition ne vaut.

Pandectes.

De l'Effet des Obligations.

Sect. 1. 2. 3. — Chapit. 3. Cod. C.

La loi sanctionne les conventions et leur prête toute sa force. Les conventions légalement formées , dit l'art. 1134 , tiennent lieu de loi à ceux qui les ont faites. Elles obligent comme elles. Mais ce sont des lois privées qui peuvent être révoquées par un consentement contraire, émané des personnes que cette loi intéresse(1124). *Nihil tam naturale est quàm eo genere , quidquid dissolvere quo colligatum est.* (Loi 35 , ff. de reg. jur.) Elles doivent être exécutées de bonne foi , et obligent, non seulement à ce qui y est exprimé , mais encore à toutes les suites que l'équité , l'usage ou la loi donnent à l'obligation d'après sa nature (1135).

Section 2.

De l'Obligation de donner.

L'obligation de donner emporte celle de livrer la chose promise en temps et lieu convenables , et de veiller , en bon père de famille , à sa conservation.

Elle dépouille le débiteur de tous ses droits , et l'empêche d'en disposer en faveur d'un tiers.

Elle rend le créancier propriétaire de la chose promise lors même qu'elle ne lui aurait pas été livrée. Elle lui donne le droit de la revendiquer dans quelques mains qu'elle se trouve. Il n'y a d'exception que pour les choses mobilières ; dans ce cas, celui qui a été mis en possession réelle est préféré, et demeure propriétaire lors même que son titre serait postérieur en date. En fait de meubles la possession vaut titre.

La chose est à ses risques et périls dès l'instant qu'est née l'obligation de la lui livrer.

SECTION 3.

De l'Obligation de ne pas faire.

Toute obligation de faire ou de ne pas faire se résout en dommages-intérêts, en cas d'inexécution de la part du débiteur. On ne saurait en effet forcer un individu à faire une chose qu'il ne voudrait pas, *nemo ad factum cogi potest* ; de même qu'aucune puissance ne saurait empêcher que ce qui a été fait n'ait existé. Le créancier cependant peut être autorisé à faire exécuter le fait promis quand il est de nature à pouvoir l'être par un autre. Si l'obligation est de ne pas faire, il peut également demander que ce qui a été fait au mépris de la convention soit détruit, et il peut obtenir de le faire détruire aux dépens du débiteur, sans préjudice des dommages-intérêts pour la lésion qu'il peut avoir soufferte. Le seul fait de la contravention donne lieu à ces dommages-intérêts.

Code de Commerce.

Liv. I.er Tit. 3.

Des Sociétés.

Sect. I.re *Des diverses Sociétés et de leurs effets.*

La société est un contrat par lequel deux ou plusieurs personnes conviennent de mettre quelque chose en commun, dans la vue d'en partager le bénéfice qui pourra en résulter.

La loi reconnaît trois espèces de sociétés commerciales ; la société en nom collectif — la société en commandite — la société anonyme.

La société en nom collectif est celle que contractent deux personnes ou un plus grand nombre, et qui a pour objet de faire le commerce sous une raison sociale. La solidarité est l'essence et le caractère distinctif de cette espèce de société. Ainsi tous les associés sont tenus de tous les engagements de la société , encore qu'un seul ait signé , pourvu que ce soit sous la raison sociale.

La société en commandite se contracte entre un ou plusieurs associés , responsables et solidaires, et un ou plusieurs assocés , simples bailleurs de fonds , que l'on nomme commanditaires ou associés en commandite. Cette société est également régie sous un nom social , qui doit être celui d'un ou de plusieurs associés responsables et solidaires. La solidarité n'a point lieu à l'égard des associés commanditaires. Ils ne sont passibles des pertes que jusqu'à concurrence des fonds qu'ils ont mis ou dû mettre dans la société. Aucun associé commanditaire ne peut faire aucun acte de gestion , ni être employé pour les affaires de la société , même en vertu d'une procuration (27). En cas de contravention , il sera obligé solidaire avec les autres associés.

La société anonyme est celle que contractent plusieurs personnes qui s'unissent d'intérêt et qui contribuent de leurs fonds , de leurs conseils et de leurs soins , pour entreprendre et soutenir quelque établissement utile au commerce ou à la société en général. Elle est administrée par des mandataires associés ou non associés , salariés ou gratuits. Les associés ne sont passibles que du montant de leur intérêt dans la société. Cette dernière société ne peut exister qu'avec l'autorisation du Roi.

Les sociétés se constatent par acte public , ou par acte sous signature privée.

Les sociétés en nom collectif et en commandite , peuvent indifféremment être constatées de ces deux manières. Mais , pour ménager les intérêts des tiers , la loi a prescrit diverses mesures de publicité. Un extrait des actes de société doit être affiché dans la quinzaine de leur date , dans la salle des audiences du tribunal de commerce,

(12)

et transcrit sur les registres du greffe de ce tribunal. Il doit être
également inséré dans les journaux du département où les tribunaux
sont placés.

Les sociétés anonymes ne peuvent être formées que par acte public.

Aucune preuve testimoniale ne sera admise pour constater l'existence d'une société (41).

La loi connaît encore une autre espèce de société. C'est l'associa-
tion commerciale en participation. Ces associations sont très - fré-
quentes dans le commerce ; mais elles n'ont presque rien qui ressemble
aux autres sociétés. Ce sont des traités d'un moment, relatifs à une
ou à plusieurs opérations passagères.

SECT. 2. *Des Contestations entre Associés , et de la manière
de les décider.*

Les contestations entre associés doivent être bientôt terminées.
Notre code, conforme à l'ordonnance de 1673, en a réservé la
connaissance à des arbitres. Cet arbitrage est forcé, et il ne dépend
d'aucune des parties de s'y soustraire. Les parties ont la faculté de
nommer des arbitres. Cette nomination peut se faire par acte sous
signature privée, par acte notarié, par acte extrajudiciaire, par un
consentement donné en justice. Si les parties ne sont point d'accord
ou n'usent point de cette faculté, la nomination est faite d'office par
le tribunal. Les arbitres jugent sur les pièces des parties sans aucune
formalité de justice. Le délai pour le jugement est fixé. Il y aura lieu
à l'appel', si la rénonciation n'a pas été stipulée.

Toutes actions contre les associés non liquidateurs et leurs veuves,
héritiers ou ayans cause, sont prescrites par le laps de cinq
ans (64).

Vu par le Président de la Thèse.

DELPECH.

TOULOUSE, DE L'IMPRIMERIE DE CAUNES, RUE DES TOURNEURS.

9 782019 994686